ANALISI DEL LIBRO

AF137389

Il lettore
· · · · · · · · · · · · · · ·

BERNHARD SCHLINK

ANALISI DEL LIBRO

Scritto da Marie-Pierre Quintard
Tradotto da Sara Rossi

Il lettore

BERNHARD SCHLINK

BERNHARD SCHLINK

SCRITTORE TEDESCO

- **Nato a Bielefeld, Germania, nel 1944**
- **Opere degne di nota:**
    - *Il castigo di sé* (2005), romanzo
    - *Il lettore* (1995), romanzo
    - *Il weekend* (2010), romanzo

Nato a Bielefeld, in Germania, nel 1994, Bernhard Schlink è giudice e professore di diritto. È cresciuto in una famiglia protestante. Suo padre lavorava come professore di teologia in un'università vicina, ma fu chiamato alle armi durante la guerra.

Schlink è autore di numerosi romanzi gialli, tra cui una trilogia di opere che hanno tutte lo stesso protagonista, un detective di nome Gerhard Selb. *Il lettore* ("Der Vorleser" in tedesco) è stato pubblicato nel 1995 e ha fatto scalpore nel panorama letterario dell'epoca. Attualmente Schlink vive tra Berlino e New York.

IL LETTORE

IL PESO DEL SENNO DI POI

- **Genere:** romanzo
- **Edizione di riferimento:** Schlink, B. [senza data] *Il letore*. [online]. Trans. Brown Janeway, C., New York: Vintage Books. [Accessed 14 July 2016]. Disponibile da: <http://www.kkoworld.com/kitablar/bernhard_slink_qiraetci_kko-eng.pdf>.
- **1ª edizione:** 1995
- **Temi:** Seconda Guerra Mondiale, nazismo, campi di concentramento, lettura, analfabetismo, vergogna

Il letore è un romanzo parzialmente autobiografico pubblicato per la prima volta nel 1995 e che ha avuto un vero e proprio successo commerciale. È una storia d'amore in tre volumi che si estende su un arco temporale di 40 anni ed è incentrata su un giovane tedesco e un'ex guardia delle SS. Il libro solleva lo scomodo tema dei campi di concentramento e delle difficoltà di ricordare e discutere le due guerre mondiali da parte della generazione di tedeschi che le ha vissute. Il libro è pieno di sentimenti di vergogna e incomprensione.

Il romanzo di Schlink è breve, scritto in modo sobrio e chiaro. Scritto in prima persona, il narratore è anche il protagonista. Il libro è stato tradotto in 39 lingue ed è stato il primo romanzo tedesco a raggiungere la vetta della classifica dei bestseller del *New York Times*.

SINTESI

UNA RIUNIONE INASPETTATA

Michael è un giovane studente di legge. Nell'ambito di uno dei suoi corsi, un professore porta lui e la sua classe a un processo contro ex ufficiali delle SS che avevano lavorato nei campi di concentramento. Con grande sorpresa, Michael vede una donna di nome Hanna, con la quale aveva avuto una relazione qualche anno prima. È una delle imputate, insieme ad altre quattro donne. Viene a sapere che Hanna aveva iniziato a lavorare per le SS come guardia nel 1943 e aveva lavorato ad Auschwitz. I due crimini principali di cui è accusata riguardano il processo di selezione nei campi di concentramento durante una notte di bombardamenti; le SS e le guardie sono accusate di aver rinchiuso diverse centinaia di detenuti in una chiesa che ha preso fuoco durante l'attacco. Tra tutti i deportati, solo due donne sono sopravvissute: una madre e una figlia, che in seguito hanno scritto un libro per immortalare la loro esperienza.

Quando i terribili fatti vengono raccontati ad alta voce, Michael non prova nulla, insensibile a tutto ciò. Al contrario, questo lo porta a ripensare alla sua relazione di anni prima e a questa parte importante della sua vita.

INIZIAZIONE

Un giorno, quando Michael ha 15 anni e soffre di itterizia, si sente male e vomita mentre torna a casa da scuola. Una donna di nome Hanna Schmitz, che ha 20 anni più di lui, lo soccorre e lo riporta a casa. Quando si sente meglio, Michael va a casa sua per ringraziarla. Lei lo accoglie nel suo appartamento e si cambia in una stanza accanto; Michael la osserva con la coda dell'occhio. I loro sguardi si incrociano e lui, imbarazzato, scappa via.

Otto giorni dopo, mentre Michael sogna Hanna ogni notte, decide di tornare a trovarla ancora una volta. La signora Schmitz arriva a casa in uniforme da tranviere. Manda Michael al piano di sotto a prendere della coca (combustibile per il riscaldamento) e quando ne esce è coperto di sudore. Lei gli fa un bagno e lui si spoglia con esitazione. Lei entra nella stanza nuda, con un asciugamano per lavarlo. I due fanno l'amore.

Il giorno seguente, Michael torna a scuola, ma salta le lezioni pomeridiane per incontrarsi con la sua amante: è il suo risveglio sessuale. Un giorno Hanna gli chiede di leggere un libro. È l'inizio di un nuovo rituale tra i due: prima di fare l'amore, Michael legge ad Hanna diversi testi.

Tuttavia, il loro rapporto si deteriora a poco a poco. Hanna è irritabile e diventa distante; Michael teme di perderla. Durante le vacanze di Pasqua, i due partono insieme per quattro giorni per un viaggio in bicicletta. Questa scappatella, favorita soprattutto dal violento litigio che vi si verifica, risveglia la loro passione.

LA SCOMPARSA

Quando Michael torna a scuola, cambia classe e si affeziona a una ragazza di nome Sophie. Durante il trimestre estivo, Michael inizia a pentirsi di aver trascorso così tanto tempo con Hanna quando avrebbe potuto divertirsi con i suoi amici, che gli chiedono cosa abbia fatto per tutto questo tempo.

Pochi giorni prima delle vacanze estive, Michael nota che Hanna appare diversa e strana. Un bel giorno, scompare senza lasciare traccia. Michael è sconvolto. Chiama l'azienda tranviaria dove lavora e scopre che si è licenziata proprio quando le hanno offerto una promozione a conducente.

Il tempo passa e Michael riesce a dimenticare Hanna poco a poco. Finisce il liceo e va all'università per studiare legge.

IL VERDETTO

Tornata in aula, Hanna cerca di difendersi dalle accuse della giuria, alcune delle quali sono false. A differenza della maggior parte degli altri imputati, Hanna ammette che la maggior parte degli eventi ha avuto luogo. La corte sente anche che Hanna aveva alcuni protetti nel campo che le leggevano.

L'ufficiale presidente legge un rapporto sulla notte dei bombardamenti trovato negli archivi delle SS. Le guardie avevano deliberatamente chiuso i detenuti nella chiesa sapendo che sarebbero morti; l'idea era di impedire qualsiasi tentativo di fuga. Gli altri imputati negano di essere a conoscenza di tali eventi e sostengono che Hanna abbia scritto da sola questo falso rapporto. L'ufficiale presidenziale chiede di verificare la calligrafia di Hanna, ma Hanna ammette di averla scritta lei.

Michael non riesce a smettere di pensare al processo di Hanna. Sa che è analfabeta, ma sa anche che non deve rivelare il segreto della sua ex amante; deve rispettare la scelta che lei ha fatto. È comunque turbato dall'intera vicenda, sapendo di avere informazioni che potrebbero cambiare l'esito del processo.

Michael decide di recarsi a *Struthof*, il campo in questione, per avere un'immagine concreta degli eventi discussi nel processo. Le scene lo commuovono e torna a casa in stato di shock, disgustato da Hanna e allo stesso tempo cercando di capirla. Più tardi, viene emesso il verdetto e Hanna viene condannata all'ergastolo, mentre gli altri hanno pene detentive molto più leggere.

Michael termina l'università e inizia il suo tirocinio professionale. Sposa un'altra tirocinante di nome Gertrude e insieme hanno una figlia di nome Julia. Dopo cinque anni di matrimonio, i due divorziano. Una volta terminati gli anni di tirocinio, Michael sceglie di specializzarsi in storia del diritto.

LE CASSETTE

Un giorno, Michael decide di registrare su cassette se stesso mentre legge ad alta voce. Alcuni mesi dopo, le invia ad Hanna in prigione. Per dieci anni, le invia registrazioni di romanzi, racconti e persino i suoi stessi scritti, senza mai lasciarle messaggi personali. Dopo quattro anni, Hanna gli invia un bigliettino, poi un altro, sui libri che lui le ha letto.

Michael non le invia alcuna risposta, ma si rende conto che la ragazza sta imparando a leggere da sola, confrontando le parole di Michael con una copia stampata dei libri della biblioteca della prigione.

Alla fine riceve una lettera dalla direttrice del carcere, che lo informa che Hanna sta per essere rilasciata. Gli chiede di aiutare Hanna a reintegrarsi nella società dopo 18 anni di carcere. Michael va a trovare Hanna una settimana prima del suo rilascio. La donna è molto invecchiata e i due discutono di letteratura e di futuro.

Il giorno del suo rilascio, Hanna si suicida. L'ex SS aveva lasciato una lettera a Michael, chiedendogli di fare in modo che tutti i suoi risparmi andassero all'unica figlia sopravvissuta all'incendio della chiesa.

Lui accetta e va a trovare la sopravvissuta a New York. La donna ha difficoltà a capire il rapporto che Michael ha con Hanna, che vede come un'assassina, e rifiuta il denaro. Lei sostiene che accettare il denaro sarebbe come perdonare Madame Schmitz, cosa che non le interessa. Decidono invece di donare il denaro a un'associazione ebraica che si occupa di migliorare l'alfabetizzazione.

Dieci anni dopo, Michael pensa ancora ad Hanna, alla sua morte e alla loro relazione. Decide di scrivere la loro storia.

STUDIO DEL CARATTERE

MICHAEL BERG

Nella prima parte del romanzo, Michael ha quindici anni e vive con i suoi tre fratelli e sorelle in una famiglia relativamente benestante. È malaticcio, poco sicuro di sé e mediocre a scuola. Tuttavia, le cose cambiano quando inizia la sua relazione segreta con Hanna, e acquisisce una certa esperienza e sicurezza di sé nei confronti delle persone che lo circondano.

Nella sezione successiva, Michael va all'università per studiare legge. Dopo la scomparsa di Hanna, Michael diventa più introverso e si isola in qualche modo dal mondo. È più cinico e ammette di sentirsi insensibile; non prova più nulla, né verso la sua vecchia amante né verso gli orrori delle guerre. ("Anche in ogni parte della mia vita sono rimasto fuori di me e ho guardato; mi sono visto funzionare all'università, con i miei genitori, mio fratello e mia sorella e i miei amici, ma dentro di me non sentivo alcun coinvolgimento…" p. 38).

Nella terza sezione, Michael continua a vivere in questa condizione "anestetizzata", fuggendo dalle difficoltà della vita e seppellendosi nella lettura e nella scrittura. Decide di diventare uno storico della legge anziché un giudice. È questo stesso istinto di fuga dai problemi che lo porta a divorziare da Gertrude.

L'intera vita di Michael è plasmata dal suo rapporto con Hanna. Questi due personaggi personificano il paradosso che esiste tra due generazioni di tedeschi: quella che ha vissuto la guerra e il dominio nazista – incarnata da Hanna – e quella che è venuta dopo – Michael. La generazione di Michael può solo cercare di venire a patti con ciò di cui i suoi genitori hanno fatto parte.

HANNA SCHMITZ

Hanna è nata nel 1922 ed è cresciuta in Transilvania prima di trasferirsi a Berlino all'età di 17 anni. Ha iniziato a lavorare per la Siemens prima di essere reclutata per le SS durante la guerra.

Nella prima parte del libro, la donna ha 36 anni e lavora come conduttrice di tram. Ha una relazione con Michael dopo che i due si sono incontrati per caso. È un personaggio complesso che si evolve nel corso del romanzo. I suoi sbalzi d'umore fanno sì che Michael abbia il terrore di perderla. Non ha famiglia e sembra sempre distaccata dalla realtà. È evasiva e non dà mai risposte dirette alle domande che Michael le pone sul suo passato.

Agisce sia come amante che come madre di Michael. In apparenza è molto sicura di sé e assertiva, dominando la loro relazione. Tuttavia, nasconde un grande segreto, il suo tallone d'Achille: è analfabeta. Se ne vergogna e questo le impedisce di mantenere il posto di lavoro dopo la promozione, per paura che i colleghi lo scoprano. Anche per questo chiede a Michael di leggerle qualcosa.

Nella seconda sezione, Hanna è sotto processo. È distante, forse persino altezzosa, e parla molto poco. Non suscita sentimenti di simpatia tra gli spettatori. Si mostra ingenua, accettando tutte le accuse. È molto poco preparata per il processo a causa del suo analfabetismo.

Nella terza sezione, Hanna è invecchiata in modo drammatico e Michael fatica a vedere in lei la donna che amava un tempo. Lei sceglie di impiccarsi piuttosto che lasciare la prigione.

Hanna è la personificazione della generazione che ha vissuto la guerra e ha collaborato allo sforzo bellico nazista, sia con l'azione che con l'inazione.

IL PADRE DI MICHAEL

Il padre di Michael è professore di filosofia nella vicina università, specializzato in Kant (filosofo tedesco, 1724-1904) e Hegel (filosofo tedesco, 1770-1831). Privato del suo incarico durante la guerra per aver tenuto lezioni su Spinoza (filosofo olandese, 1632-1677), diventa direttore editoriale di una casa editrice che stampa guide di trekking fino alla fine della guerra.

Prende appuntamenti non solo con i suoi studenti, ma anche con i suoi quattro figli quando qualcuno di loro vuole parlare. Ha una personalità chiusa ed è incapace di esprimere emozioni. Michael racconta al lettore che suo padre non si preoccupa troppo dei membri della sua famiglia, considerandoli piuttosto come "animali domestici" (p. 14).

LA MADRE DI MICHAEL

La madre di Michael fa solo una brevissima apparizione nel romanzo. Un giorno, uno psicanalista chiede a Michael di riflettere sull'influenza della madre sulla sua vita, dato che è quasi assente dalla storia che deve raccontare.

SOPHIE

Sophie è una delle compagne di scuola di Michael. Appare per la prima volta nel romanzo quando il liceo di Michael diventa misto e lei entra a far parte della sua classe. Quando diventa amico di Sophie, Michael sente di tradire Hanna.

LA GIOVANE RAGAZZA EBREA

Questa ragazza e sua madre sono state le uniche persone a sfuggire agli orrori dei bombardamenti nel campo di concentramento in cui Hanna lavorava. Scrive un libro sulla sua esperienza e questo porta Hanna e i suoi colleghi a subire un processo. La ragazza viene a testimoniare durante il processo.

ANALISI

LA PROSSIMA GENERAZIONE E IL PESO DEL PASSATO

Il lettore solleva molte domande sulla Seconda Guerra Mondiale, sul regime nazista e sull'Olocausto. Come dobbiamo parlare della storia del nazismo in Germania? Come possiamo comprendere ciò che è accaduto? Come possiamo iniziare a perdonare? Il romanzo si concentra in particolare sulle difficoltà affrontate dalla generazione i cui genitori hanno partecipato e vissuto la guerra, nel tentativo di venire a patti con il recente passato.

Il sentimento di vergogna è fortemente presente nel testo. I giovani si sentono a disagio sapendo che i loro genitori hanno collaborato con i nazisti. I genitori stessi si vergognano di ciò che è accaduto sotto i loro occhi:

> *"La generazione che era stata servita dalle guardie e dagli esecutori, o che non aveva fatto nulla per fermarli, o che non li aveva banditi dal suo seno come avrebbe potuto fare dopo il 1945, era sul banco degli imputati, e noi la esploravamo, la sottoponevamo a un processo alla luce del sole e la condannavamo alla vergogna. I nostri genitori avevano giocato una serie di ruoli" (p. 34-35).*

> *"A prescindere dalla validità che il concetto di colpa collettiva può avere o meno, dal punto di vista morale e giuridico, per la mia generazione di studenti era una realtà vissuta. Non si applicava solo a ciò che era accaduto nel Terzo Reich… Indicare i colpevoli non ci liberava dalla vergogna, ma almeno superava la sofferenza che provavamo a causa di essa. Ha convertito la sofferenza passiva della vergogna in energia, attività, aggressività. E affrontare la colpa dei nostri genitori richiedeva molta energia" (p. 60).*

La storia d'amore tra Michael e Hanna è una metafora di questa scomoda convivenza tra le due generazioni. Michael ha difficoltà a provare vera rabbia nei confronti della generazione precedente a causa del suo amore per Hanna, che aveva partecipato attivamente all'Olocausto.

> *"Ho dovuto indicare Hanna. Ma il dito che avevo puntato contro di lei si è ritorto contro di me. L'avevo amata... Invidiavo gli altri studenti di allora che si erano dissociati dai loro genitori e quindi dall'intera generazione di perpetratori, voyeur e volutamente ciechi, accomodanti e accettanti"* (pp. 60-61).

Il paradosso chiave del romanzo sta proprio in questo: come si possono amare e odiare i propri genitori allo stesso tempo? È possibile giudicare e comprendere allo stesso tempo?

> *"Volevo che contemporaneamente si comprendesse il crimine di Hanna e lo si condannasse. Ma era troppo terribile per farlo. Quando ho cercato di capirlo, ho avuto la sensazione di non riuscire a condannarlo come doveva essere condannato. Quando lo condannavo come doveva essere condannato, non c'era spazio per la comprensione"* (p. 57).

Anche le giovani generazioni faticano a gestire l'enorme massa di informazioni sul periodo nazista:

> *"Allo stesso tempo mi chiedo, come avevo già cominciato a chiedermi allora, che cosa avrebbe dovuto fare la nostra seconda generazione, che cosa avrebbe dovuto fare con la conoscenza degli orrori dello sterminio degli ebrei? Non dobbiamo credere di poter comprendere l'incomprensibile, non possiamo paragonare l'incomparabile, non possiamo indagare perché indagare significa fare degli orrori un oggetto di discussione, anche se gli orrori stessi non vengono messi in discussione, invece di accettarli come qualcosa di fronte al quale possiamo solo tacere in preda alla repulsione, alla vergogna e alla colpa"* (p. 39).

Michael ha difficoltà a immaginare gli atti di Hanna e a comprendere la vera realtà, poiché le immagini e i filmati dell'Olocausto e le famose foto scattate alla liberazione dei campi hanno plasmato la sua percezione degli eventi. Schlink presenta il rischio rappresentato dalla trasformazione di fatti veri in luoghi comuni, distorti dall'immaginario collettivo:

> *"Ho visto Hanna vicino alla chiesa in fiamme, con la faccia dura, in uniforme nera, con il frustino… Sapevo che le mie immagini fantastiche erano dei poveri cliché. Quando oggi penso a quegli anni, mi rendo conto di quanta poca osservazione diretta ci sia stata, di quante poche fotografie abbiano reso reale la vita e l'omicidio nei campi. Sapevamo… le montagne di cadaveri trovati e fotografati dagli Alleati alla liberazione… Oggi ci sono così tanti libri e film che il mondo dei campi fa parte del nostro immaginario collettivo e completa la nostra ordinaria quotidianità"* (pp. 53-54).

L'ANALFABETISMO DI HANNA

L'analfabetismo di Hanna è uno degli argomenti chiave del libro e Schlink lo usa come piattaforma per esplorare diversi temi importanti.

L'incapacità di Hanna di leggere o scrivere può essere interpretata come una metafora dell'incapacità moderna di comprendere gli orrori dell'Olocausto. Proprio come se fosse analfabeta, la generazione del dopoguerra può vedere i fatti, ma non può capirli; può essere in grado di scrivere su ciò che è accaduto, ma non può veramente venire a patti con la realtà dell'Olocausto. Quando Michael legge il libro scritto dalla sopravvissuta al bombardamento del campo, dice:

> *"Anni dopo l'ho riletto e ho scoperto che è il libro a creare distanza. Non invita a identificarsi con esso… Non dà mai ai capi della caserma, alle guardie femminili o alle forze di sicurezza in uniforme volti o forme abbastanza chiare perché il lettore possa relazionarsi con loro, giudicare le loro azioni nel bene e nel male. Trasuda proprio l'insensibilità che ho cercato di descrivere in precedenza"* (p. 44).

Quando Hanna impara a leggere e a scrivere e lascia finalmente il regno dell'analfabetismo, capisce la sua situazione e ciò che è realmente accaduto. Si potrebbe dire che anche lei si risveglia da un'anestesia. Quando capisce la verità, si uccide; non può vivere con il peso di questa conoscenza. Lo spiega a Michael:

> "Ho sempre avuto la sensazione che nessuno mi capisse comunque, che nessuno sapesse chi fossi e cosa mi spingesse a fare questo o quello. E quando nessuno ti capisce, nessuno può chiederti conto. Nemmeno il tribunale potrebbe chiedere conto di me. Ma i morti possono. Loro capiscono. Non è necessario che ci siano stati, ma se ci sono stati capiscono ancora meglio" (p. 69).

L'analfabetismo di Hanna permette inoltre a Schlink di esplorare il tema della libertà individuale. In mezzo al senso di colpa collettivo che permea le due generazioni in *Il lettore*, la libertà assume un'importanza del tutto nuova.

Durante il processo, Michael si rende conto che Hanna è analfabeta: non avrebbe potuto scrivere il rapporto. Tuttavia, preferisce accettare la responsabilità del massacro piuttosto che rivelare il suo segreto. Michael è tentato di condividere questa informazione cruciale con il giudice per dimostrare che, sebbene Hanna abbia avuto un ruolo terribile negli eventi di quella notte, non era così estremo come quello di cui era accusata.

Turbato da questo dilemma, decide di parlare con il padre, che glielo dice:

> "Non ti ricordi come ti infuriavi da bambino quando la mamma sapeva meglio di te cosa era bene per te? Ma con gli adulti non vedo assolutamente alcuna giustificazione per mettere le opinioni altrui su ciò che è bene per loro al di sopra delle loro idee su ciò che è bene per se stessi... Non stiamo parlando di felicità, stiamo parlando di dignità e libertà" (p. 52).

Michael si rende conto che non può costringere Hanna a parlare e deve rispettare i suoi desideri, la sua dignità e la sua libertà.

Infine, l'analfabetismo di Hanna è collegato anche al tema della vergogna che attraversa tutto il romanzo. Hanna si vergogna di essere analfabeta e non istruita. Per evitare di essere smascherata, deve costantemente cambiare la sua vita.

Molti critici sostengono che, in questo modo, Schlink cerca di diminuire la responsabilità di Hanna per i suoi crimini: poiché era analfabeta, dovette unirsi alle SS. Ciò solleva la questione: potrebbe mai essere perdonata? Il suo analfabetismo spiega in qualche modo le sue azioni? C'è un parallelo da tracciare con l'intera generazione del tempo di guerra: i tedeschi furono costretti a partecipare ai massacri nazisti? La loro ignoranza della situazione reale o il loro "analfabetismo" diminuisce in qualche modo la loro responsabilità? L'autore non ha risposte a queste domande e lascia che il lettore navighi da solo in questo difficile campo di gioco morale.

ULTERIORI RIFLESSIONI

ALCUNE DOMANDE SU CUI RIFLETTERE...

- Nel romanzo di Schlink, chi è il lettore? Ce n'è più di uno?

- In quale momento esatto vi siete resi conto che Hanna è analfabeta? Mostrate come l'autore lascia diversi indizi nel testo che portano a questa rivelazione.

- Che importanza ha nel romanzo il fatto che Hanna sia analfabeta? Che differenza farebbe se sapesse leggere e scrivere?

- Il romanzo è diviso in tre sezioni: La storia d'amore di Hanna e Michael, il processo di Hanna e il periodo di detenzione. Schlink mantiene lo stesso stile e tono di scrittura nelle tre parti del libro?

- Secondo lei, perché Hanna sceglie i prigionieri più giovani e più deboli per leggere per lei? Perché ha deciso di mandarli ad Auschwitz?

- Perché Michael ama l'*Odissea* di Omero? Discutete i diversi riferimenti fatti a questo testo in *Il lettore* e spiegatene il significato.

- "Come potrebbe essere di conforto il fatto che il dolore che ho vissuto a causa del mio amore per Hanna fosse, in un certo senso, il destino della mia generazione, un destino tedesco, e che per me fosse solo più difficile da eludere, più difficile da gestire rispetto agli altri" (Michael, p. 61). Discutere.

- Quando Hanna impara a leggere in prigione, legge soprattutto libri sui campi di concentramento. Questi libri e le informazioni che forniscono hanno cambiato la percezione di Hanna delle proprie azioni durante la guerra? In che modo questo la porta al suicidio?

- Rileggete il capitolo in cui Michael fa l'autostop fino al campo di *Struthof* e la conversazione che ha con l'autista. Perché l'autista butta fuori Michael dal suo veicolo con discrezione? Perché Michael si reca al campo? Cosa spera di trovare lì?

- Confrontate e contrastate il romanzo con l'adattamento cinematografico di Stephen Daldry.

- Ritiene che il fatto che i tedeschi non siano consapevoli della portata della situazione sotto il regime nazista, cioè il loro "analfabetismo" riguardo all'Olocausto, diminuisca la loro responsabilità? Giustificate la vostra risposta.

ULTERIORI LETTURE

EDIZIONE DI RIFERIMENTO:

Schlink, B. (2010) *Il lettore.* [online]. Trans. Janeway, C. B., New York: Vintage Books. [Accessed 14th July 2016]. Disponibile da: <http://www.kkoworld.com/kitablar/bernhard_slink_qiraetci_kko-eng.pdf>

STUDI DI RIFERIMENTO

Niven, B. (2003) *Der Vorleser* di Bernhard Schlink e il problema della vergogna. *Modern Language Review*, Vol. 98(2), pp. 381-396.

ADATTAMENTO CINEMATOGRAFICO

Il letore. (2008) [Film]. Stephen Daldry. Dir. Germania e USA: Mirage Enterprises.

Vogliamo sapere da voi!
Lasciate un commento sulla vostra biblioteca online
e condividete i vostri libri preferiti sui social media!

www.50minutes.com

Master ISBN: 9782808690478
ISBN cartaceo: 9782808611879
Deposito legale: D/2023/12603/1467

Copertura: © Primento

Concezione digitale a cura di Primento, il partner digitale degli editori.